Género **Drama**

Pregunta esencial
¿Cómo decides lo que es importante?

Odiseo y el rey Eolo

Drama

contado por Karen Alexander • ilustrado por Juan Caminador

Personajes 2

Escena uno
La guerra de Troya 3

Escena dos
El guardián de los vientos 6

Escena tres
De vuelta a casa 9

Escena cuatro
De regreso a Eolia 12

Respuesta a la lectura 16

LECTURA COMPLEMENTARIA El pez carpintero 17

Enfoque: Género 20

ODISEO Y EL REY EOLO

PERSONAJES

Leónidas
Abuelo
Corina
Jason
Irene

Nicolás
Troyanos 1, 2
Marineros 1, 2, 3, 4
Odiseo
Rey Eolo

ELEMENTOS DE UTILERÍA

- telón de fondo de un árbol
- caballo de juguete
- barco de juguete
- bolsa atada con cuerda
- dos cartulinas grandes para generar viento

Escena uno
La guerra de Troya

Leónidas y sus primos Nicolás, Irene, Corina y Jason están con su abuelo, quien les cuenta cuentos de sus antepasados en la antigua Grecia. Entran por la derecha del escenario y se unen al Abuelo, que ya está sentado en el suelo debajo de un árbol.

LEÓNIDAS: Abuelo, prometiste que hoy nos hablarías sobre Odiseo.

ABUELO: Si, es verdad. Bueno, pasaron muchos años desde que Odiseo había dejado su hogar en la isla de Ítaca en Grecia para luchar en la guerra contra Troya. Odiseo no quería marcharse. De hecho, había fingido estar enfermo para no tener que ir a la guerra. Pero cuando llegó a Troya, luchó con valentía.

CORINA: Cuéntanos sobre el caballo de Troya.

JASON: ¿Qué caballo de Troya?

IRENE: Fue una idea genial de Odiseo. ¡Y funcionó!

NICOLÁS: Shhh... Escuchen al Abuelo.

(El pianista toca una marcha. Los tramoyistas ingresan el caballo por la izquierda del escenario y lo colocan en el extremo derecho del escenario).

ABUELO: La guerra se había prolongado durante diez años. Nadie estaba ganando, y muchas personas habían muerto. Los troyanos estaban cansados de la guerra y los griegos querían regresar a sus hogares.

Una mañana, los troyanos se despertaron y vieron que todos los barcos griegos se habían ido y había un caballo de madera afuera de sus puertas. Lo miraron con recelo. Varias horas más tarde, el caballo seguía allí y los griegos no habían vuelto.

(El Troyano 1 y el Troyano 2 entran por la izquierda del escenario. Atraviesan el escenario para mirar el caballo).

TROYANO 1: Se han ido. Sus barcos también se han ido. Creo que es una ofrenda de paz.

TROYANO 2: Abramos las puertas y arrastrémoslo hacia adentro.

(Abren las puertas imaginarias, arrastran el caballo hacia adentro y cierran con cuidado las puertas detrás de ellos. Miran al caballo mientras el Abuelo habla).

ABUELO: Una vez dentro, la parte inferior del caballo se abrió como una envoltura y salieron algunos soldados griegos. Los troyanos estaban alarmados, con buena razón. Los soldados corrieron y abrieron las puertas para dejar entrar a los otros guerreros que se habían escondido.

LEÓNIDAS: *(interrumpiendo al Abuelo)* ¡Pensé que ibas a contarnos sobre Odiseo!

ABUELO: Sí, tienes razón. La guerra de Troya duró diez largos años. Y Odiseo tardó otros diez años en volver a casa...

JASON: ¿De qué se trató la guerra de Troya? ¿Ganaron los griegos?

ABUELO: Esa es una historia para otro día. Hoy, les voy a contar sobre una de las aventuras que tuvo Odiseo en su largo viaje a casa.

(Los Troyanos salen con el caballo por la derecha del escenario).

Escena dos

El guardián de los vientos

(Los marineros entran por la izquierda del escenario, con el barco. El Marinero 1 está en el puesto de vigilancia. El Marinero 2 está al timón, los Marineros 3 y 4 están bajando una gran vela).

MARINERO 1: ¡Tierra a la vista! Llama a Odiseo, puedo ver tierra.

MARINERO 2: Parece un castillo que flota en el océano.

ODISEO: *(entrando por la derecha del escenario)* Esa es la isla de Eolia, donde vive el rey Eolo. El rey es el guardián de los vientos. La isla flota, pero nunca se mueve a la deriva.

MARINERO 3: ¿Podemos desembarcar allí?

ODISEO: Será necesario escalar esa pared de bronce, pero luego estaremos bien. El principal problema será saber si el rey permitirá que nos quedemos allí.

(Todos salen por la derecha del escenario, con el barco).

ABUELO: Odiseo y su tripulación escalaron las altas murallas que protegían a la isla de los invasores. Fueron bien recibidos por el rey.

CORINA: Yo sé cómo sigue la historia: pasaron todo un mes descansando y festejando antes de que Odiseo decidiera que era hora de seguir su camino.

LEÓNIDAS: Sí, a cambio de la hospitalidad del rey, Odiseo entretenía a la corte con historias de sus fantásticas aventuras sentado en la cabecera de la mesa.

(Los Marineros 2 y 3 entran por la derecha del escenario. Se sientan a conversar. Odiseo y el rey entran por la derecha del escenario. Caminan con gran elegancia de un lado al otro mientras conversan).

ODISEO: Gracias por tu hospitalidad, rey Eolo. Esta es una hermosa isla, y tienes suerte de poseerla. Sin embargo, anhelo volver a ver mi propia isla de Ítaca.

REY EOLO: Lamento verte partir, Odiseo. He disfrutado tu compañía. Pero tengo un regalo que te ayudará en el camino. Puedes considerarlo como una recompensa por las maravillosas historias que contaste. *(Le entrega una bolsa atada firmemente en la parte superior con una cuerda).*

ODISEO: Gracias, rey Eolo. Es generoso de tu parte compartir tu riqueza conmigo.

REY EOLO: De nada, Odiseo. No es riqueza como la mayoría de las personas pensaría, pero creo que será un tesoro mucho más grande que el oro. No debes abrir la bolsa, pero aun así te ayudará a navegar velozmente de regreso a Ítaca.

(Salen por la derecha del escenario, seguidos de los marineros).

Escena tres

De vuelta a casa

Los cuatro marineros entran por la derecha del escenario. Uno de ellos lleva la bolsa. Están murmurando ente sí.

ABUELO: Odiseo y su tripulación estaban encantados por la suavidad con la que navegaba el barco de regreso a casa. El suave viento llenaba las velas y los empujaba rápidamente hacia Ítaca.

(Los tramoyistas usan cartulinas para crear una suave brisa en el escenario).

MARINERO 3: *(como si continuara una conversación)* Definitivamente oímos al rey decirle a Odiseo que había un tesoro en la bolsa.

MARINERO 2: Sí, y el rey le dijo a Odiseo que no abriera la bolsa. Supongo que no quería que Odiseo compartiera el tesoro con nosotros.

MARINERO 4: ¡Están obsesionados! Han estado hablando de esa bolsa durante todo el viaje. No creo que haya nada importante allí.

Detective del lenguaje	¿Cuáles son los dos adverbios de modo de esta página? ¿Cómo los reconoces?

MARINERO 1: Hay una forma de averiguarlo. Podríamos abrir la bolsa.

MARINERO 3: Odiseo nos dijo que bajo ninguna circunstancia abriéramos la bolsa. Algo malo podría suceder si lo hacemos.

MARINERO 1: Bueno, ha estado piloteando el barco por nueve días. Está agotado. Tan pronto como divisamos Ítaca en el horizonte, se fue a dormir. Ahora es nuestra oportunidad.

MARINERO 4: Pero Odiseo siempre nos ha tratado con honestidad. No creo que nos mienta o no comparta el oro y la plata con nosotros.

MARINERO 2: Yo, por mi parte, voto por que miremos dentro de la bolsa. Si no hay nada emocionante allí, no habrá ningún problema en absoluto, y Odiseo nunca lo sabrá. Los fuegos de Ítaca ya están a la vista. No tendremos otra oportunidad.

(Los marineros miran ansiosamente dentro de la bolsa. De inmediato, fuertes vientos golpean a los marineros, que salen aterrados por la izquierda del escenario).

ABUELO: Los marineros decidieron abrir la bolsa mientras Odiseo dormía. Los vientos salvajes salieron silbando. El rey Eolo había atrapado los vientos en la bolsa para que Odiseo tuviera un viaje sencillo a casa. Los vientos causaron estragos al sacudir el barco de un lado a otro. Crearon una gran tormenta.

Odiseo se despertó por el ruido. Él y los marineros observaron con angustia cómo el barco se alejaba cada vez más de Ítaca.

Escena cuatro

De regreso a Eolia

Los Marineros 1, 2, 3 y 4 entran por la izquierda del escenario. El Marinero 1 está en el puesto de vigilancia. El Marinero 2 está al timón. Los Marineros 3 y 4 están reparando el barco.

MARINERO 1: ¡Tierra a la vista! Creo que es Eolia otra vez.

MARINERO 2: Sí, sí, ¡lo es! Odiseo, podemos ver tierra.

(Odiseo entra aplaudiendo contento por la derecha del escenario).

MARINERO 3: Al menos podemos estar seguros de que somos bienvenidos en la isla.

MARINERO 4: Sí, si no fuera porque anhelo volver a ver a mi familia, estaría feliz de establecerme allí.

ODISEO: Correcto; dos de ustedes vienen conmigo. Iremos y le pediremos al rey que nos ayude de nuevo. Ustedes dos *(señalando a los Marineros 3 y 4)* continúen reparando el barco para que podamos zarpar tan pronto como sea posible.

(Los Marineros 3 y 4 salen por la derecha del escenario. Odiseo y los Marineros 1 y 2 salen por la izquierda del escenario).

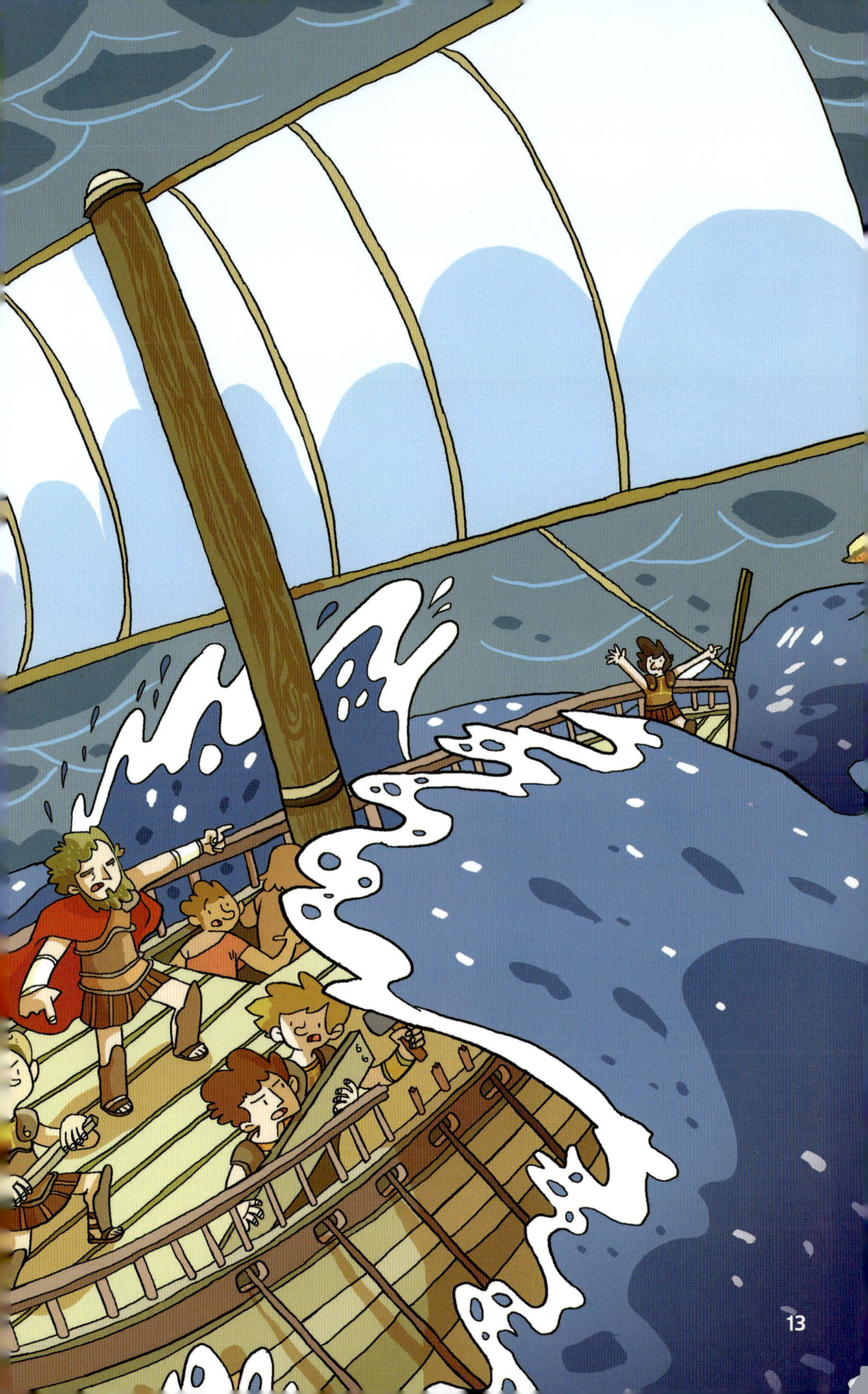

ABUELO: Pero cuando Odiseo llegó a la casa del rey, no fue bienvenido. El rey estaba muy enojado.

(El rey Eolo entra por la derecha del escenario. Odiseo y los Marineros 1 y 2 entran por la izquierda del escenario).

REY EOLO: ¿Qué estás haciendo aquí, Odiseo? Ya deberías estar en casa.

ODISEO: Es mi culpa, rey Eolo. Mi tripulación abrió la bolsa y soltó los vientos. Parecía que íbamos a despegar vuelo allí, sobre el océano, antes de volver a Eolia. Necesitamos tu ayuda.

| **Detective del lenguaje** | ¿Cuáles son los dos adverbios de lugar de esta página? ¿Cómo los reconoces? |

REY EOLO: Te ayudé una vez. Los dioses deben estar enojados contigo por haber permitido que ocurriera tal desastre. No puedo ayudar a aquellos a quienes los dioses quieren castigar. ¡Sal de mi isla!

(Odiseo y los dos marineros salen corriendo por la derecha del escenario. El rey Eolo sale por la izquierda).

ABUELO: Con esas palabras, el rey hizo que Odiseo y sus hombres fueran expulsados de la isla. Remaron durante muchos días, hasta que pudieron reparar las velas. Durante ese tiempo, se enfrentaron a otros desastres y peligros. Pasaron diez largos años antes de que Odiseo finalmente desembarcara en Ítaca nuevamente. En el camino a casa, tuvo muchas más aventuras emocionantes.

Respuesta a la lectura

Resumir

Usa detalles de la historia para resumir *Odiseo y el rey Eolo*. Usa la tabla como ayuda.

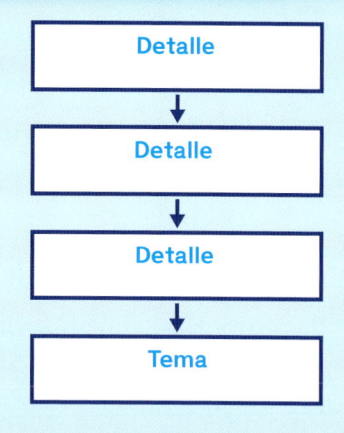

Detalle
Detalle
Detalle
Tema

Evidencia en el texto

1. ¿Cómo sabes que *Odiseo y el rey Eolo* es un drama y un mito? Nombra dos cosas que observes sobre el texto. **GÉNERO**

2. ¿Qué sucedió con el regalo que el rey Eolo le dio a Odiseo? **TEMA**

3. Busca *imaginarias* en la página 4. ¿Cuál es la raíz de la palabra? ¿Qué significa? **RAÍCES DE PALABRAS**

4. Escribe sobre cómo la autora comunica el tema, o mensaje, en el drama. **ESCRIBIR SOBRE LA LECTURA**

Género › **Cuento de hadas**

Compara los textos
Lee sobre las hadas que ayudan a los animales del prado y el lago.

El pez carpintero

Las palomas construían una casa nueva en la rama de un sauce. Pero como el prado era grande y ventoso, la construcción les llevaba mucho tiempo, pasaban mucho frío y se cansaban mucho.

El pájaro carpintero, en cambio, estaba de vacaciones. Miraba muy tranquilo cómo pasaba la tarde. En un momento, las palomas le preguntaron si podía ayudarlas. El pájaro carpintero las ayudó con todo gusto. En unas horas, las palomas tenían una hermosa casa nueva.

Al día siguiente, el flamenco que vivía en el lago fue a visitar a las palomas.

—¡Qué hermosa casa! —exclamó—. ¡Lástima que no soy tan bueno para trabajar la madera!

Las palomas llevaron al flamenco a la casa del pájaro carpintero. El flamenco le preguntó si podía ayudarlo a hacer una casa nueva en el lago. El pájaro carpintero pensó un poco y dijo:

—Me gustaría mucho poder ayudarte, amigo flamenco, pero no sé trabajar en el agua.

El pájaro carpintero le dijo al flamenco que seguramente algún pez podría ayudarlo. El flamenco regresó al lago y habló con un pez anaranjado. Este pez lo ayudó como pudo, pero ninguno de los dos podía hacer bien el trabajo.

Entonces, las palomas llamaron a las tres hadas. El hada de los peces le dio al pez un pico de pájaro carpintero. El hada de las herramientas convirtió una aleta del pez en un martillo. Y el hada de los pájaros cantó una canción muy dulce. Ahora el pez anaranjado era el pez carpintero.

Gracias a las hadas, el pez carpintero pudo ayudar al flamenco a hacer la casita. El pájaro carpintero y las palomas también ayudaron. Todos los animales del prado y el lago exclamaron:

—¡Qué hermosa casa nueva!

Entonces, el hada de los peces y el hada de las herramientas hicieron que el pez carpintero volviera a ser un pez anaranjado. Y el hada de los pájaros volvió a cantar su dulce canción.

Haz conexiones

¿Qué cosa importante hicieron las hadas en "El pez carpintero"? PREGUNTA ESENCIAL

Compara cómo Eolo ayudó a Odiseo con cómo las hadas ayudaron a los animales. EL TEXTO Y OTROS TEXTOS

Enfoque: Género

Drama Un drama es una historia para ser representada frente a una audiencia más que para ser leída. El texto está escrito en forma de diálogo. Las personas que actúan en un drama se llaman actores. Las acotaciones describen lo que hacen los personajes. Los elementos de utilería, como el barco y el caballo en *Odiseo y el rey Eolo*, ayudan a que la historia cobre vida. El drama tiene escenas en lugar de capítulos.

Lee y descubre En *Odiseo y el rey Eolo*, los nombres de los personajes están escritos en mayúsculas y en negrilla. El nombre del personaje está separado por dos puntos de las palabras que dirá. Las acotaciones están escritas en cursiva. Les indican a los personajes qué deben hacer.

Tu turno

Escribe otra escena para *Odiseo y el rey Eolo*. Transcurre a bordo del barco después de que Odiseo y su tripulación han sido expulsados de la isla de Eolia. Recuerda que debes usar las características del texto para mostrar qué personaje habla, qué dice y qué hace.

—